Between Languages: Bilingual Polish-English Short Stories

Coledown Bilingual Books

Published by Coledown Bilingual Books, 2023.

While every precaution has been taken in the preparation of this book, the publisher assumes no responsibility for errors or omissions, or for damages resulting from the use of the information contained herein.

BETWEEN LANGUAGES: BILINGUAL POLISH-ENGLISH SHORT STORIES

First edition. July 13, 2023.

Copyright © 2023 Coledown Bilingual Books.

ISBN: 979-8223777854

Written by Coledown Bilingual Books.

Table of Contents

Tajemniczy Przypadek w Warszawskiej Kawiarni

Był to typowy deszczowy dzień w Warszawie, gdy pan Andrzej Borowski, emerytowany detektyw, postanowił odwiedzić swoją ulubioną kawiarnię na rogu ulicy Chmielnej. Miejsce to tętniło życiem, a zapach świeżo parzonej kawy wypełniał przestrzeń. Pan Borowski, znany ze swojego bystrego umysłu i niezwykłej spostrzegawczości, lubił obserwować ludzi i rozwiązywać zagadki ich życia.

Zajął swoje zwykłe miejsce przy małym okrągłym stoliku, przyniósł swoje ulubione czytanie i zamówił filiżankę aromatycznej kawy. Wpatrywał się w swoje ulubione detektywistyczne powieści, gdy nagle zauważył młodą kobietę, która weszła do kawiarni. Miała długie, ciemne włosy i odziana była w elegancki płaszcz. Jej wyraz twarzy był pełen tajemnicy.

Pani Borowska, żona pana Borowskiego, również była obecna w kawiarni. Była to sympatyczna kobieta, o pogodnym usposobieniu. Zauważyła, że mąż skupił uwagę na tej tajemniczej kobiecie.

"Co tak bardzo cię zainteresowało, Andrzej?" - zapytała pani Borowska.

"Patrz tylko na tę kobietę, Jadwigo" - odpowiedział pan Borowski. "Coś w jej spojrzeniu sugeruje, że nosi ze sobą jakąś tajemnicę. Muszę to zbadać."

Pan Borowski postanowił zbliżyć się do tajemniczej kobiety i dowiedzieć się, co tak naprawdę ukrywa. Powoli zbliżył się do jej stolika, udając, że przypadkowo zostawił swoją książkę na pobliskim stoliku. Wtedy usłyszał dźwięk szeptu.

"Panie Borowski, potrzebuję pańskiej pomocy" - szepnęła tajemnicza kobieta.

Pan Borowski był zaskoczony, ale zachował spokój. Usiadł obok niej i z uśmiechem zapytał: "W czym mogę pomóc?"

Kobieta opowiedziała mu swoją historię. Okazało się, że była spadkobierczynią zaginionego skarbu rodziny szlacheckiej. Jej przodkowie ukryli skarb w jednym z warszawskich pałaców przed dziesiątkami lat. Miała tylko niewielką wskazówkę i potrzebowała pomocy detektywa, aby go odnaleźć.

Pan Borowski z zainteresowaniem wysłuchał historii kobiety. Był gotów przyjąć to wyzwanie i rozwiązać tę zagadkę. Przyrzekł, że odnajdzie skarb i przywróci go właścicielce.

Rozpoczęły się dni intensywnych poszukiwań. Pan Borowski spędzał wiele godzin w bibliotekach, badając historię pałaców w Warszawie. Udało mu się zidentyfikować trzy potencjalne lokalizacje, gdzie skarb mógł być ukryty.

Razem z tajemniczą kobietą odwiedzili te trzy miejsca, analizując wskazówki i badając każdy kąt. Były to piękne i tajemnicze miejsca, w których historia przenikała się z teraźniejszością. W końcu, po wielu dniach poszukiwań, odnaleźli ukryty skarb.

Kobieta była szczęśliwa, że skarb został odnaleziony i był pod wrażeniem umiejętności pana Borowskiego. Z wdzięcznością wręczyła mu starą książkę, która była częścią rodzinnego dziedzictwa. Była to ich mała tajemnica, która połączyła ich na zawsze.

Pan Borowski powrócił do swojego stolika w kawiarni, z wewnętrznym zadowoleniem. Podzielił się tą historią z panią Borowską, która była dumna ze swojego męża. Oboje zgodzili się, że ich życie pełne było niezwykłych przygód, a każdy dzień mógł przynieść nową tajemnicę do rozwiązania.

Tymczasem, w warszawskiej kawiarni na rogu ulicy Chmielnej, ludzie kontynuowali swoje rozmowy, a pan Borowski nadal siedział w swoim ulubionym miejscu, gotowy na kolejne zagadki, które mogły się przed nim ukazać.

The Mysterious Case at the Warsaw Café

It was a typical rainy day in Warsaw when Mr. Andrzej Borowski, a retired detective, decided to visit his favorite café on the corner of Chmielna Street. The place was bustling with life, and the scent of freshly brewed coffee filled the air. Mr. Borowski, known for his sharp mind and remarkable powers of observation, enjoyed watching people and solving the mysteries of their lives.

He took his usual seat at a small round table, brought his favorite reading material, and ordered a cup of aromatic coffee. Engrossed in his beloved detective novels, he suddenly noticed a young woman entering the café. She had long, dark hair and was dressed in an elegant coat. Her expression was full of mystery.

Mrs. Borowska, Mr. Borowski's wife, was also present in the café. She was a pleasant woman with a cheerful disposition. She noticed her husband's attention being drawn to the mysterious woman.

"What has caught your interest so much, Andrzej?" Mrs. Borowska asked.

"Just look at that woman, Jadwiga," Mr. Borowski replied. "There's something in her gaze that suggests she carries a secret. I must investigate."

Mr. Borowski decided to approach the mysterious woman and find out what she was truly hiding. Slowly, he moved closer to her table, pretending to accidentally leave his book on a nearby table. That's when he heard a whisper.

"Mr. Borowski, I need your help," the mysterious woman whispered.

Mr. Borowski was surprised but remained calm. He sat next to her and asked with a smile, "How can I assist you?"

The woman told him her story. It turned out she was the heiress of a lost treasure belonging to an aristocratic family. Her ancestors had hidden the treasure in one of Warsaw's palaces decades ago. She only had a small clue and needed a detective's help to find it.

Mr. Borowski listened with interest to the woman's story. He was ready to accept the challenge and solve this puzzle. He promised to find the treasure and restore it to its rightful owner.

Days of intense searching began. Mr. Borowski spent countless hours in libraries, researching the history of Warsaw's palaces. He managed to identify three potential locations where the treasure could be hidden.

Together with the mysterious woman, they visited those three places, analyzing the clues and examining every corner. These were beautiful and mysterious locations where history intertwined with the present. Finally, after many days of searching, they found the hidden treasure.

The woman was overjoyed that the treasure had been found and was impressed by Mr. Borowski's skills. With gratitude, she handed him an old book that was part of her family's heritage. It became their little secret, forever connecting them.

Mr. Borowski returned to his table in the café, filled with inner satisfaction. He shared the story with Mrs. Borowska, who was *proud of her husband. They both agreed that their lives were full of extraordinary adventures, and each day could bring a new mystery to solve.*

Meanwhile, in the Warsaw café on the corner of Chmielna Street, people continued their conversations, and Mr. Borowski remained in his favorite spot, ready for the next enigma that might present itself.

Tajemnica Stradivariusa

B**ył to słoneczny dzień w sercu Warszawy, kiedy pani Zofia Kowalska, emerytowana bibliotekarka, postanowiła odwiedzić targ staroci na Placu Trzech Krzyży. Miejsce to było pełne tajemnicy i historii, gdzie starodawne przedmioty cichym szeptem opowiadały swe opowieści. Pani Kowalska, znana ze swojej pasji do historii i miłości do muzyki, uwielbiała spędzać czas wśród dawnych przedmiotów, poszukując skarbów sprzed lat.

Wędrując między straganami, jej uwagę przykuł stary skrzypce, ułożone delikatnie na jednym z stoisk. Miały one wyjątkowy wygląd, a połysk ich drewna świadczył o długiej historii. Czuła, że te skrzypce noszą ze sobą jakąś niezwykłą historię.

Pani Kowalska zbliżyła się do sprzedawcy i z zainteresowaniem zapytała: "Są to skrzypce o wyjątkowej historii?"

Sprzedawca spojrzał na nią z uśmiechem i odpowiedział: "Tak, pani. To skrzypce Stradivariusa. Według legendy, te instrumenty są nie tylko piękne, ale również kryją w sobie tajemnicę ich twórcy, Antonio Stradivariusa."

Pani Kowalska była oczarowana. Od zawsze fascynowała ją muzyka i wiedziała, że skrzypce Stradivariusa są uważane za niezwykłe dzieła sztuki. Postanowiła zgłębić tajemnicę tych skrzypiec i odkryć historię, jaką niosły.

Rozpoczęła poszukiwania w bibliotekach i archiwach, zgłębiając historię Antonio Stradivariusa i jego instrumentów. Czytała o jego tajemniczych technikach i mistrzowskim rzemiośle. W międzyczasie spotkała się z ekspertami od instrumentów dętych i skrzypiec, którzy dzielili się swoją wiedzą i pasją.

Z czasem pani Kowalska odkryła, że skrzypce, które znalazła na targu staroci, należały niegdyś do znanego polskiego skrzypka, Kazimierza Nowickiego. Był to utalentowany artysta, który w latach 30. XX wieku odnosił wielkie sukcesy na światowych scenach muzycznych. Jednak jego kariera została przerwana przez wybuch II wojny światowej, gdy skrzypce zostały ukryte w celu ochrony przed grabieżcami.

Pani Kowalska była zdeterminowana, by przywrócić dawne blasku temu niezwykłemu instrumentowi. Skontaktowała się z lokalnymi instytucjami muzycznymi i zaprosiła cenionego lutnika, pana Stanisława Jankowskiego, aby zbadał skrzypce.

Po dokładnych badaniach pan Jankowski potwierdził autentyczność instrumentu. Był pod wrażeniem jego piękna i brzmienia. Postanowił odnowić skrzypce, przywracając im dawny blask.

Gdy prace naprawcze zostały ukończone, pani Kowalska zorganizowała mały koncert, aby podzielić się tą wyjątkową historią z miłośnikami muzyki. Na scenie stanęła utalentowana młoda skrzypaczka, Alicja Nowicka, wnuczka Kazimierza

Nowickiego. Grając na skrzypcach Stradivariusa, przeniosła publiczność w magiczny świat dźwięków.

Ten dzień stał się wyjątkowym momentem w życiu pani Kowalskiej. Znalazła tajemnicę, która pozwoliła na odkrycie zapomnianej historii i przywrócenie dawnej chwały niezwykłemu instrumentowi.

Od tamtej pory, pani Kowalska poświęcała swój czas na badanie i restaurację innych dawnych instrumentów. Wiedziała, że w tych skrzypcach, pianinach i harfach tkwią historie ludzi, którzy je stworzyli. Jej pasja i oddanie sprawiły, że starała się odkryć tajemnice każdego instrumentu i przywrócić im życie.

Tymczasem, na Placu Trzech Krzyży, targ staroci kontynuował swoje istnienie, a pani Kowalska nadal wędrowała między stoiskami, gotowa na kolejną tajemnicę, która mogła czekać na nią wśród dawnych skarbów.

The Secret of Stradivarius

It was a sunny day in the heart of Warsaw when Mrs. Zofia Kowalska, a retired librarian, decided to visit the antique market at Trzech Krzyży Square. The place was full of mystery and history, where ancient objects whispered their stories. Mrs. Kowalska, known for her passion for history and love for music, enjoyed spending time among old items, searching for treasures from the past.

As she wandered between the stalls, her attention was drawn to a set of old violins delicately arranged on one of the stands. They had a unique appearance, and the shine of their wood spoke of a long history. She felt that these violins carried an extraordinary story.

Mrs. Kowalska approached the vendor and asked with interest, "Do these violins have an exceptional history?"

The vendor smiled and replied, "Yes, madam. These are Stradivarius violins. According to legend, these instruments are not only beautiful but also hold the secret of their creator, Antonio Stradivarius."

Mrs. Kowalska was enchanted. She had always been fascinated by music and knew that Stradivarius violins were considered extraordinary works of art. She decided to delve into the mystery of these violins and discover the story they carried.

She began her search in libraries and archives, delving into the history of Antonio Stradivarius and his instruments. She read about his mysterious techniques and master craftsmanship. In the meantime, she met with experts in wind instruments and violins, who shared their knowledge and passion.

Over time, Mrs. Kowalska discovered that the violins she found at the antique market had once belonged to a renowned Polish violinist, Kazimierz Nowicki. He was a talented artist who achieved great success on the world's music stages in the 1930s. However, his career was interrupted by the outbreak of World War II when the violins were hidden to protect them from looters.

Mrs. Kowalska was determined to restore the former glory to this extraordinary instrument. She contacted local music institutions and invited the esteemed luthier, Mr. Stanisław Jankowski, to examine the violins.

After thorough examination, Mr. Jankowski confirmed the authenticity of the instrument. He was impressed by its beauty and sound. He decided to restore the violins, bringing back their former brilliance.

When the restoration work was completed, Mrs. Kowalska organized a small concert to share this exceptional story with music enthusiasts. A talented young violinist, Alicja Nowicka, Kazimierz Nowicki's granddaughter, took the stage. Playing the Stradivarius violins, she transported the audience into a magical world of sounds.

That day became a special moment in Mrs. Kowalska's life. She had uncovered a secret that allowed her to rediscover a forgotten history and restore the former glory to this extraordinary instrument.

From that moment on, Mrs. Kowalska dedicated her time to researching and restoring other ancient instruments. She knew that in those violins, pianos, and harps lay the stories of the people who created them. Her passion and dedication drove her to uncover the secrets of each instrument and breathe new life into them.

Meanwhile, at Trzech Krzyży Square, the antique market continued its existence, and Mrs. Kowalska continued to wander between the stalls, ready for the next mystery that might await her among the ancient treasures.

Tajemnicze przekładki

Nazywali ją Panią Zuzanną, starszą kobietą o ciepłym usposobieniu i skłonności do rozwiązywania zagadek. Jej małe mieszkanie w warszawskim bloku wypełniały starannie poukładane teczki i kartony. Wśród nich znajdowały się tajemnicze przekładki - drobne, starannie wykonane przedmioty, których pochodzenie było owiane tajemnicą.

Pewnego razu, Pani Zuzanna odkryła kolejną przekładkę. Był to pięknie zdobiony srebrny kieliszek. Wydawał się być wyjątkowy. Na spodzie kieliszka wytłoczono niewielki napis: "Tylko w imię miłości". To sprawiło, że Pani Zuzanna zaczęła rozmyślać o jego historii.

Zbliżał się wieczór, a Pani Zuzanna zaprosiła swojego sąsiada, Pana Janusza, na herbatę. Był to starszy pan o pogodnym usposobieniu i miłości do anegdotek. Pani Zuzanna postanowiła podzielić się z nim swoją najnowszą tajemnicą.

"Pan Janusz, znalazłam kolejną tajemniczą przekładkę" - powiedziała z ekscytacją Pani Zuzanna, trzymając w dłoni srebrny kieliszek. "Myślę, że kryje się za nim fascynująca historia."

Pan Janusz spojrzał z zainteresowaniem na kieliszek i z uśmiechem odpowiedział: "Pani Zuzanno, jestem pewien, że to niezwykły przedmiot. Znam pewną historię, która mogłaby pasować do tego kieliszka."

Opowiedział jej historię młodej pary, Katarzyny i Piotra, zakochanych w sobie z całego serca. Życie nie było jednak łaskawe dla nich. Kiedy Piotr otrzymał wezwanie do wojska, zostawiając Katarzynę samą, ich miłość została wystawiona na próbę. W tych trudnych czasach Katarzyna wykonała srebrny kieliszek, jako symbol ich miłości i nadziei na ponowne spotkanie.

Wiele lat później, kiedy Piotr wrócił z wojny, odnalazł Katarzynę. Ich miłość była silniejsza niż kiedykolwiek wcześniej. Kieliszek służył im jako przypomnienie o sile ich uczucia i o tym, że miłość może pokonać wszelkie trudności.

Pani Zuzanna słuchała historii Pana Janusza z zaciekawieniem. Czuła, że ta historia mogła być odpowiedzią na tajemnicę kieliszka. Postanowiła odnaleźć potomków Katarzyny i Piotra, aby podzielić się z nimi tą niezwykłą historią.

Rozpoczęły się dni intensywnych poszukiwań. Pani Zuzanna przeglądała archiwa, śledziła rodzinne drzewa genealogiczne i zgłaszała się do instytucji pomocowych. W końcu, po wielu wysiłkach, udało jej się dotrzeć do dawnej rodziny Katarzyny.

Spotkanie było pełne wzruszenia i radości. Pani Zuzanna podzieliła się historią kieliszka i miłości Katarzyny i Piotra. Rodzina była poruszona i wdzięczna za to, że dowiedzieli się o swoich przodkach i ich niezwykłej miłości.

Pani Zuzanna złożyła kieliszek w ręce potomków Katarzyny i Piotra. Był to symboliczny gest, który połączył przeszłość z teraźniejszością i przypomniał o wartościach, jakimi byli nimi ich przodkowie.

Nadchodził koniec wieczoru, a Pani Zuzanna i Pan Janusz siedzieli przy stole, wspominając tę niezwykłą historię. Zrozumieli, że w codziennych drobiazgach mogą kryć się tajemnice i historie, które czekają, aby zostać odkryte.

Tymczasem, w ich małym bloku w Warszawie, życie toczyło się spokojnie, a Pani Zuzanna i Pan Janusz kontynuowali swoje spotkania, gotowi na nowe tajemnice, które mogły pojawić się w ich otoczeniu.

Mysterious
Bookmarks

They called her Mrs. Zuzanna, an elderly woman with a warm disposition and a penchant for solving puzzles. Her small apartment in a Warsaw block was filled with neatly arranged folders and boxes. Among them were mysterious bookmarks - small, carefully crafted objects whose origins were shrouded in mystery.

One day, Mrs. Zuzanna discovered another bookmark. It was a beautifully adorned silver goblet. It seemed extraordinary. On the bottom of the goblet, a small inscription was engraved: "Only in the name of love." This sparked Mrs. Zuzanna's contemplation of its history.

Evening was approaching, and Mrs. Zuzanna invited her neighbor, Mr. Janusz, for tea. He was an older man with a cheerful disposition and a love for anecdotes. Mrs. Zuzanna decided to share her latest mystery with him.

"Mr. Janusz, I have found another mysterious bookmark," Mrs. Zuzanna said excitedly, holding the silver goblet in her hand. "I think there is a fascinating story behind it."

Mr. Janusz looked at the goblet with interest and smiled. "Mrs. Zuzanna, I am certain that this is an extraordinary item. I know a story that might fit this goblet."

He proceeded to tell her the story of a young couple, Katarzyna and Piotr, deeply in love with each other. Life, however, was not kind to them. When Piotr received a military draft notice, leaving Katarzyna behind, their love was put to the test. In those difficult times, Katarzyna crafted the silver goblet as a symbol of their love and hope for a reunion.

Many years later, when Piotr returned from the war, he found Katarzyna. Their love was stronger than ever. The goblet served as a reminder of the strength of their feelings and the belief that love can conquer any hardship.

Mrs. Zuzanna listened to Mr. Janusz's story with great interest. She felt that this tale might hold the answer to the mystery of the goblet. She decided to find the descendants of Katarzyna and Piotr to share this extraordinary story with them.

Days of intensive searching followed. Mrs. Zuzanna scoured archives, traced family genealogies, and reached out to assistance organizations. Finally, after much effort, she managed to locate the descendants of Katarzyna.

The meeting was filled with emotion and joy. Mrs. Zuzanna shared the story of the goblet and the love between Katarzyna and Piotr. The family was deeply moved and grateful for learning about their ancestors and their extraordinary love.

Mrs. Zuzanna placed the goblet in the hands of Katarzyna and Piotr's descendants. It was a symbolic gesture that connected the past with the present and reminded them of the values their ancestors cherished.

As the evening drew to a close, Mrs. Zuzanna and Mr. Janusz sat at the table, reminiscing about this extraordinary story. They realized that in the everyday details, secrets and stories could be hidden, waiting to be discovered.

Meanwhile, in their small Warsaw block, life continued peacefully, and Mrs. Zuzanna and Mr. Janusz carried on with their meetings, ready for new mysteries that might appear in their surroundings.

Tajemnica szkatułki smoków

Był to ciepły, letni dzień w miasteczku nad Bałtykiem, gdy pani Helena Nowak, właścicielka sklepiku z antykami, odkryła tajemniczą szkatułkę wśród swoich znalezisk. Jej sklepik był pełen starożytnych przedmiotów, które skrywały historie minionych czasów. Pani Helena była ciekawa, co kryje w sobie ta mała szkatułka.

Szkatułka była wykonana ze starożytnej, ciemnej drewnianej skorupy, a na jej wieczku widniał wizerunek dwóch splecionych smoków. Pani Helena czuła, że ma przed sobą coś wyjątkowego. Postanowiła zgłębić tajemnicę szkatułki i odkryć, jakie historie się w niej kryją.

Pani Helena rozpoczęła poszukiwania informacji na temat szkatułki. Przeszukiwała książki, przeglądała strony internetowe, a nawet odwiedzała lokalne muzea. Wkrótce odkryła, że szkatułka jest związana z dawno zapomnianą legendą o smokach.

Według legendy, dwa smoki - ognisty i lodowy - mieszkają w głębinach lasu niedaleko miasteczka. Przez wieki toczyły między sobą walkę, która miała wpływ na życie mieszkańców. Ostatecznie, zgodziły się zawrzeć pokój i przysięgły, że ich duchy będą nadal czuwać nad miastem.

Pani Helena była oczarowana tą legendą. Czuła, że szkatułka może być kluczem do poznania więzi między smokami a miastem. Postanowiła dotrzeć do ludzi, którzy mieli wiedzę na ten temat.

Przez kolejne dni, Pani Helena odwiedzała starszych mieszkańców miasteczka, słuchając ich opowieści i poszukując wskazówek. W końcu, spotkała starą kobietę, Panią Marię, która pamiętała historie przekazywane przez swoich przodków.

Pani Maria opowiedziała Pani Helenie legendę o dawnej opiece smoków nad miasteczkiem. Wyjaśniła, że szkatułka była używana jako amulet, który przynosił szczęście i ochronę przed złem. Smoki miały mieć nad nią pieczę, chroniąc miasteczko i jego mieszkańców.

Zauroczona historią, Pani Helena postanowiła przywrócić szkatułce jej dawny blask. Skonsultowała się z miejscowym rzemieślnikiem, panem Józefem, który specjalizował się w odnawianiu starożytnych przedmiotów.

Pan Józef starannie pracował nad szkatułką, przywracając jej piękno. Po wielu godzinach staranności, szkatułka znów lśniła, jak za dawnych czasów. Pani Helena była pełna radości, widząc, jak odrodziła się dawna magia.

W małej uroczystości, Pani Helena zaprosiła mieszkańców miasteczka, aby podzielić się z nimi historią szkatułki i ocalonym dziedzictwem smoków. Obecni byli starzy i młodzi, a wszystkich poruszyła ta niezwykła opowieść.

Tymczasem, w miasteczku nad Bałtykiem, życie toczyło się spokojnie, a Pani Helena kontynuowała swoje poszukiwania i zbieranie innych starożytnych przedmiotów. Czuła, że każdy z nich nosił ze sobą historię, która czekała na odkrycie i podzielenie się nią z innymi.

The Secret of the
Dragon's Casket

It was a warm summer day in a seaside town by the Baltic Sea when Mrs. Helena Nowak, the owner of an antique shop, discovered a mysterious casket among her findings. Her shop was filled with ancient objects that held stories from bygone times. Mrs. Helena was curious about what this small casket held within it.

The casket was made of ancient, dark wooden shell, with the image of two intertwined dragons engraved on its lid. Mrs. Helena felt that she had something exceptional before her. She decided to delve into the secret of the casket and uncover the stories it held.

Mrs. Helena began her search for information about the casket. She scoured books, browsed websites, and even visited local museums. Soon, she discovered that the casket was connected to a long-forgotten legend about dragons.

According to the legend, two dragons—one fiery and one icy—resided in the depths of the forest near the town. For centuries, they engaged in a battle that affected the lives of the town's inhabitants. Eventually, they agreed to make peace and vowed that their spirits would continue to watch over the town.

Mrs. Helena was captivated by this legend. She felt that the casket could be the key to understanding the bond between the dragons and the town. She set out to reach out to people who had knowledge about it.

Over the following days, Mrs. Helena visited the older residents of the town, listening to their stories and seeking clues. Finally, she met an elderly woman, Mrs. Maria, who remembered the stories passed down by her ancestors.

Mrs. Maria recounted the legend of the dragons' ancient guardianship over the town. She explained that the casket was used as an amulet, bringing luck and protection against evil. The dragons were said to have watched over it, safeguarding the town and its inhabitants.

Enamored by the story, Mrs. Helena decided to restore the casket to its former glory. She consulted with a local craftsman, Mr. Józef, who specialized in restoring ancient objects.

Mr. Józef carefully worked on the casket, restoring its beauty. After many hours of meticulous effort, the casket once again shone as it did in days of old. Mrs. Helena was overjoyed to see how the ancient magic had been revived.

In a small ceremony, Mrs. Helena invited the townspeople to share the story of the casket and the preserved legacy of the dragons. Both young and old attended, and everyone was moved by this extraordinary tale.

Meanwhile, in the seaside town, life went on peacefully, and Mrs. Helena continued her quest to search for and collect other ancient objects. She felt that each item carried a story waiting to be discovered and shared with others.

Tajemnicza zagadka
na ulicy Cichej

Był to zwyczajny dzień na ulicy Cichej, spokojnej i malowniczej uliczce w samym sercu miasteczka. Pan Stanisław Nowak, emerytowany nauczyciel matematyki, właśnie wracał z rynku, trzymając w ręku swój ulubiony pęk kluczy. To był niepozorny przedmiot, który zawsze nosił przy sobie.

Pan Nowak miał reputację człowieka o bystrym umyśle i niezwykłej inteligencji. Zawsze z zainteresowaniem przyglądał się swojemu otoczeniu, szukając zagadek i układając w głowie logiczne rozwiązania.

Podczas powrotu do domu, zauważył młodego chłopca, który stał przed budynkiem starej kamienicy na ulicy Cichej. Chłopiec trzymał w ręku starą mapę i wyglądał na zagubionego.

Pan Nowak podszedł do chłopca z uśmiechem i zapytał: "Czy potrzebujesz pomocy, młody człowieku? Wyglądasz na kogoś, kto szuka czegoś ważnego."

Chłopiec spojrzał na pana Nowaka z nadzieją i powiedział: "Tak, panie, szukam ukrytego skarbu. Ta mapa, którą znalazłem, zawiera wskazówki, ale nie wiem, jak je rozszyfrować."

Pan Nowak spojrzał na starą mapę i zainteresował się tajemniczym zadaniem. Wiedział, że jest to doskonała okazja, by połączyć swoją pasję do zagadek z pomocą dla młodego chłopca.

"Chłopcze, widzę, że to jest logiczne zadanie. Pozwól, że ci pomogę" - powiedział pan Nowak z uśmiechem. "Wydaje się, że to jest układanka matematyczna. Musimy rozszyfrować wskazówki."

Razem rozpoczęli swoją przygodę, analizując mapę, obliczając kąty i odległości. Chłopiec był zdumiony umiejętnościami pana Nowaka i jego szybkością w rozwiązywaniu trudności.

Po wielu godzinach poszukiwań, dotarli do końca układanki. Wskazówki prowadziły ich do starych drzew na ulicy Cichej. Tam, pod korzeniami jednego z drzew, ukryty był skarb.

Chłopiec był podekscytowany i wdzięczny panu Nowakowi. Wspólnie odkopali skrzynię pełną skarbów, które zapewniły im niezapomniane chwile radości.

Pan Nowak i chłopiec podzielili się skarbem z lokalnym muzeum, a część pieniędzy przekazali na cele charytatywne. To było ich małe zwycięstwo, które pokazało, że wiedza matematyczna i logiczne myślenie mogą przynieść radość i pomoc innym.

Tymczasem, na ulicy Cichej, życie toczyło się spokojnie, a pan Nowak i chłopiec stał się dobrze znany wśród mieszkańców miasteczka. Pan Nowak kontynuował swoje poszukiwania zagadek, gotowy na każdą przygodę, która mogła czekać na niego w otaczającym go świecie.

The Mysterious Puzzle on Quiet Street

It was an ordinary day on Quiet Street, a peaceful and picturesque alley in the heart of the town. Mr. Stanisław Nowak, a retired math teacher, was returning from the market, holding his favorite bunch of keys in his hand. It was an unassuming object that he always carried with him.

Mr. Nowak had a reputation for being sharp-minded and exceptionally intelligent. He always observed his surroundings with interest, seeking puzzles and assembling logical solutions in his mind.

On his way back home, he noticed a young boy standing in front of an old tenement building on Quiet Street. The boy held an old map in his hand and looked lost.

Mr. Nowak approached the boy with a smile and asked, "Do you need any help, young man? You seem like someone who is searching for something important."

The boy looked at Mr. Nowak hopefully and said, "Yes, sir, I am searching for a hidden treasure. This map I found contains clues, but I don't know how to decipher them."

Mr. Nowak looked at the old map and became intrigued by the mysterious task. He knew it was a perfect opportunity to combine his passion for puzzles with helping the young boy.

"Young man, I see that this is a logical task. Let me assist you," Mr. Nowak said with a smile. "It appears to be a mathematical puzzle. We need to decipher the clues."

Together, they embarked on their adventure, analyzing the map, calculating angles and distances. The boy was amazed by Mr. Nowak's skills and his quickness in solving the challenges.

After hours of searching, they reached the end of the puzzle. The clues led them to old trees on Quiet Street. There, hidden beneath the roots of one of the trees, lay the treasure.

The boy was thrilled and grateful to Mr. Nowak. They dug up a chest full of treasures, which provided them with unforgettable moments of joy.

Mr. Nowak and the boy shared the treasure with the local museum, and they donated a portion of the money to charity. It was their small victory, demonstrating that mathematical knowledge and logical thinking can bring happiness and help to others.

Meanwhile, on Quiet Street, life went on peacefully, and Mr. Nowak and the boy became well-known among the townspeople. Mr. Nowak continued his quest for puzzles, ready for any adventure that awaited him in the world around him.

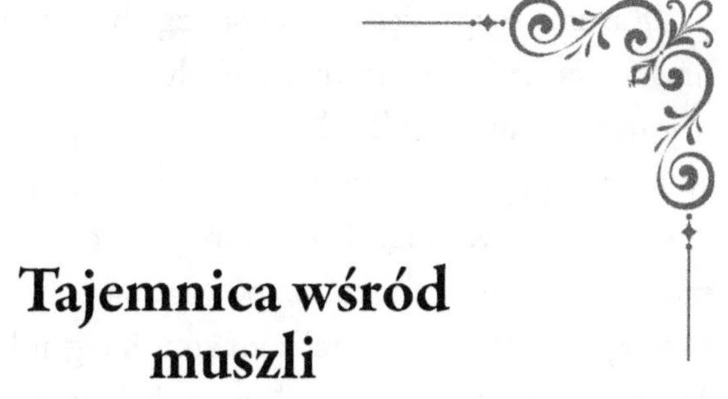

Tajemnica wśród
muszli

Pani Irena Kowalska była znaną mieszkańką małego nadmorskiego miasteczka. Jej pasją były spacery po plaży i zbieranie pięknych muszli. Miała w swoim domu wiktoriański stolik z mnóstwem muszli, które zebrała przez lata.

Pewnego dnia, podczas jednego z jej spacerów, odkryła wśród piasku nad brzegiem tajemniczą muszlę. Była ona inna od pozostałych, miała mieniący się perłowy połysk i wydawała się bardziej krucha. Pani Irena wiedziała, że ta muszla jest wyjątkowa i skrywa jakąś tajemnicę.

Wróciła do domu, trzymając muszlę w dłoni. Przez wieczór przyglądała się jej, rozważając możliwości, jakie kryje w sobie ta tajemnicza muszla. Decydowała się zasięgnąć rady u swojego dobrego przyjaciela, pana Stanisława.

Pan Stanisław był znawcą lokalnej historii i pasjonatem tajemnic. Zawsze gotów był pomóc Pani Irenie w rozwiązywaniu zagadek. Gdy opowiedziała mu o muszli, jego oczy roziskrzyły się z zainteresowaniem.

"Pani Ireno, jestem przekonany, że ta muszla kryje w sobie historię. Musimy zgłębić jej tajemnice" - powiedział pan Stanisław, badając muszlę z zaciekawieniem.

Razem rozpoczęli badania, zgłębiając wiedzę na temat muszli i poszukując informacji o ich symbolicznym znaczeniu w lokalnej kulturze. Odkryli, że muszle były często używane jako amulety i przynoszące szczęście przedmioty.

W międzyczasie, Pani Irena wpadła na pomysł, że ta tajemnicza muszla może być powiązana z zaginionym skarbem, o którym słyszała w jednej z lokalnych legend. Opowiadało się, że skarb ukryty jest na plaży, a jedynym kluczem do jego odnalezienia jest tajemnicza muszla.

Pan Stanisław i Pani Irena spędzili kolejne dni na poszukiwaniach. Przeszukiwali wydmy, analizowali wskazówki z legendy i badali obszar wokół plaży. Ich determinacja była niezłomna.

W końcu, po wielu wysiłkach, odnaleźli ukryte miejsce na plaży. Wyschnięte drzewo, osłonięte skalistym klifem, skrywało skarb. Pani Irena i pan Stanisław byli zdumieni i podekscytowani tym odkryciem.

Otworzyli skrzynię, a ich oczy napotkały błysk złota i klejnotów. Był to skarb, który przypominał o dawnych czasach i ukrytej historii miasteczka.

Pani Irena i pan Stanisław podzielili się skarbem z lokalnym muzeum, aby wszyscy mieszkańcy miasteczka mogli go podziwiać. Było to zwycięstwo miłości do historii, tajemnic i przygód.

Tymczasem, w małym nadmorskim miasteczku, życie toczyło się spokojnie. Pani Irena kontynuowała swoje spacery po plaży, gotowa na kolejne tajemnice, które mogły być ukryte wśród muszli, czekające na odkrycie.

The Secret Among
the Seashells

Mrs. Irena Kowalska was a well-known resident of a small seaside town. Her passion was taking walks along the beach and collecting beautiful seashells. She had a Victorian table in her home filled with numerous shells she had gathered over the years.

One day, during one of her walks, she discovered a mysterious seashell among the sand at the shoreline. It was different from the rest, with a shimmering pearly glow and a delicate appearance. Mrs. Irena knew that this seashell was special and held a secret.

She returned home, holding the seashell in her hand. Throughout the evening, she studied it, contemplating the possibilities of the mysterious seashell. She decided to seek the advice of her good friend, Mr. Stanisław.

Mr. Stanisław was knowledgeable about local history and had a passion for mysteries. He was always ready to assist Mrs. Irena in unraveling puzzles. When she told him about the seashell, his eyes lit up with interest.

"Mrs. Irena, I am convinced that this seashell holds a story within it. We must delve into its secrets," Mr. Stanisław said, examining the seashell with curiosity.

They began their research together, delving into knowledge about seashells and searching for information about their symbolic meanings in the local culture. They discovered that seashells were often used as amulets and objects believed to bring luck.

In the meantime, Mrs. Irena had an idea that the mysterious seashell might be connected to a hidden treasure she had heard about in one of the local legends. The tale told of a treasure hidden on the beach, with the seashell being the only key to its discovery.

Mr. Stanisław and Mrs. Irena spent days searching. They combed the dunes, analyzed clues from the legend, and explored the area around the beach. Their determination was unwavering.

Finally, after many efforts, they found the hidden spot on the beach. A dried-up tree, shielded by a rocky cliff, concealed the treasure. Mrs. Irena and Mr. Stanisław were amazed and excited by the discovery.

They opened the chest, and their eyes beheld a gleam of gold and gemstones. It was a treasure that reminded them of bygone times and the hidden history of the town.

Mrs. Irena and Mr. Stanisław shared the treasure with the local museum so that all the townspeople could admire it. It was a triumph of love for history, secrets, and adventure.

Meanwhile, in the small seaside town, life carried on peacefully. Mrs. Irena continued her walks along the beach, ready for the next secrets that might be hidden among the seashells, waiting to be discovered.

Tajemnicza intryga w kawiarni "Pod Książką"

Był to spokojny poranek w małym miasteczku, kiedy Pani Małgorzata Kowalska, sympatyczna właścicielka kawiarni "Pod Książką", przygotowywała się do otwarcia lokalu. Kawiarnia była popularnym miejscem spotkań miłośników literatury, którzy cieszyli się aromatem świeżo parzonej kawy i otoczeniem książek.

Tego dnia, Pani Małgorzata odkryła na swoim biurku tajemniczą kartkę. Była ona złożona w formę skomplikowanego labiryntu z zapiskami i wskazówkami. Była to intrygująca zagadka, która wzbudziła jej ciekawość.

Siedziała przy stole, starannie analizując zapiski i rozwiązując labirynt. Była to ukryta wiadomość, która wydawała się dotyczyć kawiarni i jej tajemniczych klientów.

W międzyczasie, do kawiarni wszedł pan Janusz Nowak, stały bywalec i miłośnik tajemnic. Zauważył, że Pani Małgorzata jest zamyślona i postanowił zapytać, co się dzieje.

"Pani Małgorzato, wydaje się, że coś porywa panią. Czy mogę pomóc?" - zapytał pan Janusz, siedząc naprzeciwko niej.

Pani Małgorzata spojrzała na niego z uśmiechem i powiedziała: "Pan Januszu, odkryłam tajemniczą kartkę, która prowadzi do jakiejś intrygi w kawiarni. Wygląda na to, że ktoś zamierza namówić klientów do wspólnego rozwiązania zagadki."

Pan Janusz był podekscytowany i gotów przyłączyć się do tej przygody. Razem przystąpili do rozwiązywania zagadki, analizując kolejne wskazówki i rozmawiając z klientami.

Wśród regularnych gości kawiarni odkryli grupę osób, które również rozwiązywały zagadkę. Byli to zróżnicowani ludzie: profesorowie, pisarze, młodzi studenci. Wszyscy byli zafascynowani tą tajemnicą i gotowi do współpracy.

Z czasem, pan Janusz i Pani Małgorzata odkryli, że zagadka jest związana z dawno zapomnianym manuskryptem, który według legendy miał być ukryty w kawiarni. Był to rękopis niewydanego dzieła znanego pisarza, który wywoływał kontrowersje w świecie literatury.

Wraz z grupą entuzjastów, pan Janusz i Pani Małgorzata przeszukali każdy kąt kawiarni, analizując każdą książkę, malowidło i nawet schowane skrytki. Były to dni pełne pasji, przyjaźni i ekscytujących odkryć.

W końcu, po wielu dniach poszukiwań, znaleźli ukryty pokój w piwnicy kawiarni. Tam, za tajnym panelem, znajdował się manuskrypt. Był to wyjątkowy moment, pełen radości i podziwu dla tego odkrycia.

Pan Janusz i Pani Małgorzata podzielili się manuskryptem z lokalnymi naukowcami i pisarzami. Był to skarb, który ożywił świat literatury i przypomniał o potędze słowa.

Tymczasem, w kawiarni "Pod Książką", życie toczyło się spokojnie. Pan Janusz i Pani Małgorzata nadal gościli entuzjastów literatury i tajemnic, gotowi na kolejne przygody, które mogły czekać na nich wśród stron książek i ukrytych skarbów.

Mysterious Intrigue at the "Under the Book" Café

It was a calm morning in a small town when Mrs. Małgorzata Kowalska, a friendly café owner of "Pod Książką" (Under the Book), was preparing to open her establishment. The café was a popular meeting place for book lovers who enjoyed the aroma of freshly brewed coffee and the surrounding books.

On this day, Mrs. Małgorzata discovered a mysterious note on her desk. It was folded into a complex maze of notes and clues. It was an intriguing puzzle that piqued her curiosity.

She sat at the table, carefully analyzing the notes and solving the maze. It was a hidden message that seemed to be related to the café and its mysterious customers.

Meanwhile, Mr. Janusz Nowak, a regular visitor and mystery enthusiast, entered the café. He noticed that Mrs. Małgorzata was lost in thought and decided to ask what was going on.

"Mrs. Małgorzata, it seems something has captivated your attention. May I be of assistance?" asked Mr. Janusz, sitting across from her.

Mrs. Małgorzata looked at him with a smile and said, "Mr. Janusz, I have discovered a mysterious note that leads to some intrigue in the café. It appears that someone intends to encourage customers to solve a puzzle together."

Mr. Janusz was excited and ready to join this adventure. Together, they embarked on solving the puzzle, analyzing the clues, and talking to customers.

Among the regular café guests, they discovered a group of individuals who were also working on solving the puzzle. They were a diverse group of people: professors, writers, and young students. All were fascinated by the mystery and eager to collaborate.

Over time, Mr. Janusz and Mrs. Małgorzata discovered that the puzzle was connected to a long-forgotten manuscript, which according to legend, was hidden in the café. It was a manuscript of an unpublished work by a renowned writer that had stirred controversy in the literary world.

With the group of enthusiasts, Mr. Janusz and Mrs. Małgorzata searched every nook and cranny of the café, analyzing each book, painting, and even hidden compartments. Those were days filled with passion, friendship, and thrilling discoveries.

Finally, after many days of searching, they found a hidden room in the café's basement. Behind a secret panel, they found the manuscript. It was a moment of great joy and admiration for their discovery.

Mr. Janusz and Mrs. Małgorzata shared the manuscript with local scholars and writers. It was a treasure that revitalized the world of literature and reminded people of the power of words.

Meanwhile, life continued calmly at the "Pod Książką" café. Mr. Janusz and Mrs. Małgorzata continued to welcome literature and mystery enthusiasts, ready for new adventures that awaited them among the pages of books and hidden treasures.

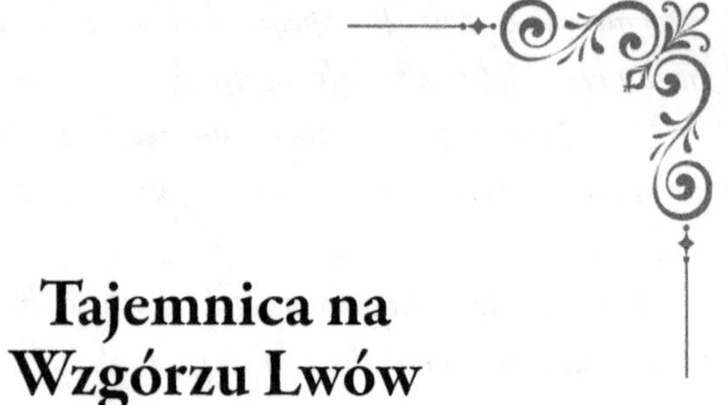

Tajemnica na
Wzgórzu Lwów

To był ciepły letni dzień na Wzgórzu Lwów, malowniczym miejscu otoczonym przyrodą i tajemnicą. Pani Elżbieta Nowak, miłośniczka przygód i niezwykłych historii, postanowiła odwiedzić to magiczne miejsce. Zdobyła się na wspinaczkę po stromym szlaku, by dotrzeć na szczyt i podziwiać panoramiczny widok.

Gdy dotarła na szczyt, Pani Elżbieta zauważyła tajemniczy przedmiot na ziemi. Był to złożony, starannie wykonany amulet w kształcie lwa. Wydawał się być pełen mocy i magii. Wiedziała, że musi odkryć tajemnicę, która go otacza.

Postanowiła zgłębić historię Wzgórza Lwów i jego symbolu, lwa. Przeczytała o dawnych legendach, które mówiły o duchach zwierząt i ich mocy ochronnej. Była przekonana, że ten amulet jest kluczem do ukrytej tajemnicy Wzgórza Lwów.

Podczas swoich badań, Pani Elżbieta natknęła się na pana Jana Kowalskiego, lokalnego historyka i pasjonata kultury. Pan Jan był znany ze swojej wiedzy na temat miejscowej historii i chętnie dzielił się swoją wiedzą.

"Panie Janie, odkryłam tajemniczy amulet na Wzgórzu Lwów. Wydaje mi się, że kryje on jakąś historię lub legendę" - powiedziała Pani Elżbieta, trzymając amulet w dłoni.

Pan Jan spojrzał na amulet z zainteresowaniem i odpowiedział: "Pani Elżbieto, Wzgórze Lwów jest pełne tajemnic. Legenda mówi, że amulet lwa posiadał moc ochronną i był symbolem siły. Może prowadzić do ukrytego skarbu, który ukryty jest na wzgórzu."

Pani Elżbieta była podekscytowana i gotowa przyjąć wyzwanie. Razem z panem Janem rozpoczęli poszukiwania, eksplorując każdy zakątek Wzgórza Lwów. Analizowali wskazówki, badali starożytne mapy i rozmawiali z lokalnymi mieszkańcami.

Ich poszukiwania zaprowadziły ich do podziemi starego zamku, gdzie znajdował się ukryty tunel. Był to tajemny przejazd, prowadzący do zapomnianej komnaty. Tam, pod piaskiem i kamieniami, odkryli skrzynię pełną starożytnych przedmiotów i drogocennych klejnotów.

Pani Elżbieta i pan Jan byli pełni radości i zachwytu, patrząc na skarb, który przypominał o dawnych czasach i potędze legend.

Podzielili się odkryciem z lokalnym muzeum, aby wszyscy mogli podziwiać to niezwykłe znalezisko. Był to hołd dla historii i tajemnic, które ukrywały się na Wzgórzu Lwów.

Tymczasem, na Wzgórzu Lwów, życie toczyło się spokojnie. Pani Elżbieta i pan Jan kontynuowali swoje badania, gotowi na kolejne tajemnice, które mogły być ukryte wśród piękna natury i duchów przeszłości.

The Secret of Lwów Hill

*I*t was a warm summer day on Lwów Hill, a picturesque place surrounded by nature and mystery. Mrs. Elżbieta Nowak, an adventurer and enthusiast of extraordinary stories, decided to visit this magical location. She embarked on a hike up the steep trail to reach the summit and admire the panoramic view.

When she reached the top, Mrs. Elżbieta noticed a mysterious object on the ground. It was a complex and meticulously crafted amulet in the shape of a lion. It seemed to exude power and magic. She knew she had to uncover the secret that surrounded it.

She resolved to delve into the history of Lwów Hill and its symbol, the lion. She read about ancient legends that spoke of animal spirits and their protective powers. She was convinced that this amulet held the key to the hidden secret of Lwów Hill.

During her research, Mrs. Elżbieta came across Mr. Jan Kowalski, a local historian and culture enthusiast. Mr. Jan was renowned for his knowledge of local history and was eager to share his expertise.

"Mr. Jan, I have discovered a mysterious amulet on Lwów Hill. It seems to hold a story or a legend," Mrs. Elżbieta said, holding the amulet in her hand.

Mr. Jan looked at the amulet with interest and replied, "Mrs. Elżbieta, Lwów Hill is full of secrets. Legend has it that the lion amulet possessed protective power and was a symbol of strength. It may lead to a hidden treasure concealed on the hill."

Mrs. Elżbieta was thrilled and ready to accept the challenge. Together with Mr. Jan, they embarked on a search, exploring every nook and cranny of Lwów Hill. They analyzed clues, examined ancient maps, and spoke to local residents.

Their search led them to the underground chambers of an old castle, where they discovered a hidden tunnel. It was a secret passage that led to a forgotten chamber. There, beneath the sand and stones, they uncovered a chest filled with ancient artifacts and precious jewels.

Mrs. Elżbieta and Mr. Jan were filled with joy and wonder as they beheld the treasure, a reminder of times long past and the power of legends.

They shared their discovery with the local museum so that everyone could admire this extraordinary find. It was a tribute to the history and secrets that lay hidden on Lwów Hill.

Meanwhile, life on Lwów Hill continued peacefully. Mrs. Elżbieta and Mr. Jan continued their research, ready for the next mysteries that might be concealed amidst the beauty of nature and the spirits of the past.

Zaginiona księga w antykwariacie

Antoni Szymański był właścicielem małego antykwariatu w samym sercu Warszawy. Jego sklepik tętnił życiem, a na półkach ustawione były książki, które opowiadały historie przeszłości. Antoni zawsze marzył o znalezieniu czegoś niezwykłego - zaginionej księgi, która ukrywała w sobie tajemnicę.

Pewnego dnia, podczas przeglądania nowych dostaw książek, Antoni natrafił na stary tomik poezji. Nie było to zwykłe wydanie - okładka była wyjątkowo starannie zdobiona, a na pierwszej stronie widniał delikatny napis: "Księga Marzeń". Antoni wiedział, że znalazł coś wyjątkowego.

W miarę jak zagłębiał się w lekturę, Antoni zauważył, że strony były puste. Księga Marzeń była jak niezapisana kartka, która czekała na swoje historie. Był przekonany, że ta księga ukrywała tajemnicę i mógł wypełnić ją własnymi słowami.

Postanowił podzielić się swoją nową pasją z panią Marią, starszą sąsiadką, która często odwiedzała antykwariat. Była to ciepła i bystra kobieta, która zawsze miała słowo otuchy i wyobraźnię do tworzenia historii.

"Pani Mario, znalazłem tę tajemniczą księgę. Wydaje mi się, że czeka na nasze historie i marzenia" - powiedział Antoni z entuzjazmem, podając jej księgę.

Pani Maria wzięła księgę w ręce i z uśmiechem odpowiedziała: "Antoni, musimy wypełnić tę księgę naszymi słowami. Możemy stworzyć historie, które ożyją na tych kartkach."

Od tego momentu, Antoni i pani Maria spotykali się codziennie w antykwariacie, aby tworzyć historie i marzenia. Siedzieli przy starym drewnianym biurku, wdychając zapach starych książek i przekształcając puste strony Księgi Marzeń w barwne opowieści.

Ich historie ożywały na kartkach. Opowiadali o niezwykłych przygodach, miłości, tajemnicach i spotkaniach, które nigdy nie miały miejsca. Ich wyobraźnia była nieograniczona, a słowa wypełniały Księgę Marzeń coraz bardziej.

Pewnego dnia, kiedy Antoni i pani Maria zajmowali się tworzeniem historii, do antykwariatu weszła młoda dziewczyna. Miała w ręku starą kopertę i wyglądała na zaniepokojoną.

"Dzień dobry, szukam księgi. Nazywa się Księga Marzeń. Czy może być tutaj?" - zapytała dziewczyna, patrząc na Antoniego i panią Marię.

Antoni i pani Maria spojrzeli na siebie ze zdumieniem. Okazało się, że Księga Marzeń, którą tworzyli, była poszukiwana przez tę dziewczynę. Była to księga, którą otrzymała od swojej babci, a która przepadła w trakcie przeprowadzki.

Antoni z uśmiechem podał dziewczynie Księgę Marzeń. Był pewien, że właśnie stworzyli coś niezwykłego - księgę, która miała moc łączenia ludzi, marzeń i historii.

Tymczasem, w antykwariacie, życie toczyło się spokojnie. Antoni i pani Maria kontynuowali tworzenie historii i zapraszali innych, aby dołączyli do ich twórczego świata. Przekształcili antykwariat w miejsce, gdzie marzenia ożywały na kartkach i tajemnice były zawsze gotowe, aby zostać odkryte.

The Lost Book in the Antique Shop

*A*ntoni Szymański owned a small antique shop in the heart of Warsaw. His little store was filled with life, and the shelves were lined with books that told stories of the past. Antoni always dreamed of finding something extraordinary—a lost book that held a secret within its pages.

One day, while browsing through the new arrivals of books, Antoni came across an old volume of poetry. It was no ordinary edition—the cover was intricately decorated, and on the first page, there was a delicate inscription: "The Book of Dreams." Antoni knew he had found something special.

As he delved into the pages, Antoni noticed that they were blank. The Book of Dreams was like an unwritten sheet, waiting for its stories. He was convinced that the book held a secret and that he could fill it with his own words.

He decided to share his newfound passion with Mrs. Maria, an elderly neighbor who often visited the antique shop. She was a warm and insightful woman, always ready with a word of encouragement and a vivid imagination for creating stories.

"Mrs. Maria, I found this mysterious book. It seems to be waiting for our stories and dreams," Antoni said with enthusiasm as he handed her the book.

Mrs. Maria took the book in her hands and smiled. "Antoni, we must fill this book with our words. We can create stories that will come alive on these pages."

From that moment on, Antoni and Mrs. Maria met every day in the antique shop to create stories and dreams. They sat at an old wooden desk, inhaling the scent of old books and transforming the empty pages of the Book of Dreams into colorful narratives.

Their stories came to life on the pages. They told tales of extraordinary adventures, love, mysteries, and encounters that had never taken place. Their imagination knew no bounds, and their words filled the Book of Dreams more and more.

One day, as Antoni and Mrs. Maria were engrossed in their storytelling, a young girl entered the antique shop. She held an old envelope in her hand and looked worried.

"Good day, I'm looking for a book. It's called the Book of Dreams. Could it be here?" the girl asked, looking at Antoni and Mrs. Maria.

Antoni and Mrs. Maria looked at each other in astonishment. It turned out that the Book of Dreams they had been creating was the very book the girl was seeking. It was a book she had received from her grandmother and had lost during a move.

Antoni handed the Book of Dreams to the girl with a smile. He was certain that they had created something extraordinary—a book that had the power to connect people, dreams, and stories.

Meanwhile, life went on peacefully in the antique shop. Antoni and Mrs. Maria continued to create stories and invited others to join their imaginative world. They transformed the antique shop into a place where dreams came alive on the pages, and secrets were always ready to be discovered.

Tajemnicza intryga w kamienicy przy Placu Trzech Krzyży

Była to zwykła, spokojna niedziela na warszawskim Placu Trzech Krzyży. Kamienica, pełna mieszkańców o różnorodnych historiach, budziła się powoli do życia. W jednym z mieszkań na drugim piętrze rozgrywała się tajemnicza intryga.

Pani Elżbieta Nowak, emerytowana nauczycielka, spędzała większość czasu w swoim mieszkaniu, obserwując życie sąsiadów przez okno. Miała wyostrzone zmysły i umiejętność wyłapywania detali, które innym umykały. Była ciekawa jaką historię kryje kamienica i jej mieszkańcy.

Pewnego dnia, Pani Nowak zauważyła tajemniczą postać w kamienicy naprzeciwko. Był to mężczyzna w średnim wieku, zawsze ubrany w czarny płaszcz i noszący szeroki kapelusz. Spędzał wiele godzin w swoim mieszkaniu, a kiedy wychodził, zawsze wydawał się roztrzęsiony i nieobecny.

Pani Nowak postanowiła zbadać tę sprawę. Zaczęła notować godziny, kiedy mężczyzna opuszczał swoje mieszkanie, oraz wszelkie inne szczegóły, które mogłyby rzucić światło na tę tajemnicę. Była pewna, że coś niezwykłego dzieje się w kamienicy.

Pewnego wieczoru, gdy mężczyzna opuścił swoje mieszkanie, Pani Nowak postanowiła wziąć sprawy w swoje ręce. Skradła się po schodach i stanęła przed jego drzwiami. Odważyła się zapukać.

Po chwili drzwi otworzył mężczyzna. Jego spojrzenie było pełne zdziwienia, ale jednocześnie zauważyła w nim nutkę ulgi. "Pani Nowak, czym mogę pomóc?" - zapytał, próbując zachować spokój.

"Panie Kowalski, zauważyłam, że wiele się dzieje wokół pana mieszkania. Co tak naprawdę się dzieje?" - zapytała Pani Nowak.

Pan Kowalski przez chwilę milczał, po czym ze smutkiem odpowiedział: "To trudna i bolesna historia. Ale widzę, że jest pani ciekawa, więc postaram się ją opowiedzieć."

Pan Kowalski opowiedział Pani Nowak o swojej przeszłości, o utraconej miłości i bólu, który niesie za sobą. Mieszkanie w kamienicy było dla niego miejscem, w którym zamknął się przed światem, ale jednocześnie nie mógł oderwać się od wspomnień.

Pani Nowak była poruszona historią pana Kowalskiego. Postanowiła mu pomóc, pomóc mu w wyjściu z samotności i odnalezieniu nowej nadziei. Dzięki swojemu wrodzonemu darowi obserwacji i empatii, zaczęła organizować spotkania sąsiadów, spotkania przy herbatce i rozmowach, które miały na celu łączenie ludzi i przekraczanie granic samotności.

Powoli, kamienica na Placu Trzech Krzyży ożywała na nowo. Sąsiedzi poznawali się, dzielili historiami i troskami. Pani Nowak była jak łącznik, który przynosił ludziom nadzieję na lepsze jutro.

Pan Kowalski, dzięki spotkaniom i wsparciu sąsiadów, zaczął wychodzić ze swojego schronienia. Znów zaczął uśmiechać się i odzyskiwać radość życia. Pani Nowak była dumna z tego, co udało im się osiągnąć.

Tymczasem, w kamienicy na Placu Trzech Krzyży, mieszkańcy kontynuowali swoje codzienne życie, ale teraz z większą otwartością na innych. Pani Nowak i pan Kowalski stali się nieodłączną częścią tej społeczności, gotowi na kolejne tajemnice, które mogły pojawić się w ich życiu.

The Mysterious Intrigue in the Building at Trzech Krzyży Square

I*t was an ordinary, peaceful Sunday on Trzech Krzyży Square in Warsaw. The building, filled with residents with diverse stories, slowly came to life. In one of the apartments on the second floor, a mysterious intrigue was unfolding.*

Mrs. Elżbieta Nowak, a retired teacher, spent most of her time in her apartment, observing her neighbors' lives through the window. She had sharp senses and a knack for picking up details that escaped others. She was curious about the stories hidden within the building and its residents.

One day, Mrs. Nowak noticed a mysterious figure in the building across the street. It was a middle-aged man, always dressed in a black coat and wearing a wide-brimmed hat. He spent many hours in his apartment, and whenever he left, he seemed nervous and absent-minded.

Mrs. Nowak decided to investigate the matter. She started noting down the hours when the man left his apartment and any other details that could shed light on the mystery. She was certain that something extraordinary was happening in the building.

One evening, when the man left his apartment, Mrs. Nowak took matters into her own hands. She quietly climbed the stairs and stood in front of his door. She gathered the courage to knock.

After a moment, the door opened, and the man's expression was one of surprise, but also a hint of relief. "Mrs. Nowak, how can I help you?" he asked, trying to maintain composure.

"Mr. Kowalski, I've noticed that a lot is happening around your apartment. What is really going on?" Mrs. Nowak inquired.

Mr. Kowalski remained silent for a moment, then sighed and said, "It's a difficult and painful story. But I can see that you're curious, so I'll try to tell it."

Mr. Kowalski shared his past with Mrs. Nowak—lost love and the pain that accompanied it. The apartment in the building became a place where he closed himself off from the world, but at the same time, he couldn't let go of his memories.

Mrs. Nowak was deeply moved by Mr. Kowalski's story. She decided to help him, to help him break free from loneliness and find new hope. With her innate gift of observation and empathy, she began organizing meetings for the neighbors—a gathering over tea and conversations aimed at connecting people and overcoming the boundaries of solitude.

Slowly, the building on Trzech Krzyży Square came alive again. Neighbors got to know each other, sharing stories and worries. Mrs. Nowak became a bridge, bringing people hope for a brighter tomorrow.

Thanks to the meetings and support of their neighbors, Mr. Kowalski began to emerge from his seclusion. He started smiling again and rediscovering the joy of life. Mrs. Nowak was proud of what they had achieved.

Meanwhile, in the building at Trzech Krzyży Square, the residents continued with their daily lives, but now with greater openness to others. Mrs. Nowak and Mr. Kowalski became an integral part of this community, ready for the next mysteries that might arise in their lives.

Zagubione klucze w warszawskim parku

Był to spokojny poranek w warszawskim parku Łazienki Królewskie. Ptaki śpiewały, a słońce delikatnie prześwitywało przez gałęzie drzew. Wśród spacerowiczów i biegaczy, tajemnicza historia rozgrywała się wokół zagubionych kluczy.

Pani Joanna, sympatyczna emerytowana nauczycielka, uwielbiała spędzać czas na długich spacerach po parku. Była ciekawa natury ludzkiej i zawsze miała wyostrzone zmysły na odkrywanie tajemnic. Pewnego dnia, w trakcie swojej wędrówki, znalazła klucze leżące na ścieżce. Były one pięknie wykonane, ze srebrnymi zdobieniami. Pani Joanna była pewna, że ktoś musiał je zgubić.

Postanowiła zbadać tę zagadkę. Przeszukiwała park wzdłuż i wszerz, rozmawiała z ludźmi i starała się znaleźć właściciela tajemniczych kluczy. Była pewna, że te klucze kryją za sobą historię.

Po kilku dniach intensywnych poszukiwań, Pani Joanna spotkała starszego pana, który szukał czegoś zaniepokojony. Podeszła do niego i zapytała, czy coś zgubił.

Pan Adam, bo tak się nazywał, spojrzał na nią z ulgą. "Tak, zgubiłem klucze. Były one dla mnie bardzo ważne. Czy znalazła pani jakieś klucze?"

Pani Joanna uśmiechnęła się i wyciągnęła klucze z kieszeni. "Tak, znalazłam je na ścieżce. Wydaje mi się, że to właśnie pańskie klucze."

Pan Adam był wdzięczny i zaskoczony. Opowiedział Pani Joannie, że klucze były dziedzictwem rodzinym i miały ogromne znaczenie dla niego. Był bardzo zaniepokojony, gdy je zgubił.

Pani Joanna cieszyła się, że mogła pomóc. Wiedziała, jak ważne są takie drobiazgi w życiu człowieka. Postanowiła, że od teraz będzie bardziej czujna na to, co dzieje się wokół niej.

Pan Adam był tak wdzięczny, że zaprosił Panią Joannę na herbatę do pobliskiej kawiarni. Podczas rozmowy opowiedział jej o swoim życiu, o swoich pasjach i marzeniach. Była to historia pełna wzruszeń i tajemnic.

Pani Joanna i Pan Adam zaczęli spotykać się regularnie, dzieląc się historiami i radościami. Ich przyjaźń była cenna i prawdziwa. Oboje zrozumieli, jak ważne jest dbanie o relacje międzyludzkie i docenianie tajemnic, które skrywa życie.

Tymczasem, w warszawskim parku Łazienki Królewskie, inni ludzie kontynuowali swoje spacery i bieganie, nieświadomi tajemnicy, która rozegrała się w ich pobliżu. Pani Joanna i Pan Adam byli wdzięczni za każdy dzień, jaki mieli razem i byli gotowi na kolejne tajemnice, które mogły pojawić się w ich życiu.

Lost Keys in Warsaw Park

It was a peaceful morning in Łazienki Królewskie Park in Warsaw. Birds were singing, and the sun gently peeked through the tree branches. Among the walkers and joggers, a mysterious story unfolded around lost keys.

Mrs. Joanna, a friendly retired teacher, loved spending time on long walks in the park. She was curious about human nature and always had heightened senses for uncovering mysteries. One day, during her stroll, she found keys lying on the path. They were beautifully crafted, with silver embellishments. Mrs. Joanna was certain that someone must have lost them.

She decided to investigate this enigma. She searched the park high and low, talked to people, and tried to find the owner of the mysterious keys. She was convinced that the keys held a story within them.

After a few days of intense searching, Mrs. Joanna met an elderly gentleman who seemed worried, searching for something. She approached him and asked if he had lost something.

Mr. Adam, as he was called, looked at her with relief. "Yes, I lost my keys. They were very important to me. Did you find any keys?"

Mrs. Joanna smiled and pulled the keys out of her pocket. "Yes, I found them on the path. I believe these are your keys."

Mr. Adam was grateful and surprised. He told Mrs. Joanna that the keys were a family heirloom and held great significance for him. He had been greatly worried when he lost them.

Mrs. Joanna was glad she could help. She knew how important such small things were in a person's life. She decided that from now on, she would be more observant of what was happening around her.

Mr. Adam was so grateful that he invited Mrs. Joanna for tea at a nearby café. During their conversation, he shared stories about his life, his passions, and dreams. It was a tale full of emotions and mysteries.

Mrs. Joanna and Mr. Adam started meeting regularly, sharing stories and joys. Their friendship was precious and genuine. They both understood the importance of nurturing human relationships and appreciating the mysteries that life holds.

Meanwhile, in Łazienki Królewskie Park, other people continued their walks and runs, unaware of the secret that unfolded nearby. Mrs. Joanna and Mr. Adam were grateful for each day they had together and were ready for the next mysteries that life might bring.

Tajemnice kawiarni "Pod Kawą i Herbatą"

Był to piękny słoneczny dzień w sercu Warszawy, kiedy Pani Elżbieta, wdowa o pogodnym usposobieniu, postanowiła odwiedzić swoją ulubioną kawiarnię "Pod Kawą i Herbatą". Miejsce to było pełne historii i tajemnic, a zapach świeżo parzonej kawy unosił się w powietrzu. Pani Elżbieta, znana ze swojej ciekawości i wrodzonej chęci pomagania innym, uwielbiała spędzać czas w kawiarni, obserwując ludzi i snując teorie o ich życiach.

Zajęła swoje zwykłe miejsce przy oknie, skąd miała doskonały widok na ulicę. Przyniosła ze sobą swoje ulubione czytanie i zamówiła filiżankę gorącej czekolady. Wpatrywała się w ludzi przechodzących ulicą, próbując odgadnąć ich historie.

Tego dnia zwróciła uwagę na młodą kobietę, siedzącą przy stoliku naprzeciwko. Miała smutny wyraz twarzy, a w jej oczach tkwiła tajemnica. Pani Elżbieta poczuła, że musi dowiedzieć się więcej.

Delikatnie zbliżyła się do jej stolika i uśmiechnęła się. "Przepraszam, czy mogę zapytać, czy wszystko w porządku?" - zapytała.

Kobieta spojrzała na nią zaskoczona, ale szybko odzyskała uśmiech. "Dziękuję za troskę. Jestem tylko trochę zamyślona. Mam pewien problem, z którym nie wiem, jak sobie poradzić."

Pani Elżbieta zaprosiła ją do swojego stolika i uważnie wysłuchała jej historii. Okazało się, że kobieta, o imieniu Anna, była artystką i miała trudności ze znalezieniem inspiracji do swojej twórczości. Była zdezorientowana i zastanawiała się, jak odnaleźć swoją drogę.

Pani Elżbieta, pełna współczucia, podzieliła się swoimi doświadczeniami życiowymi i radą. Przekonała Annę, że każdy artysta przechodzi przez chwile zwątpienia, ale to właśnie te trudności kształtują naszą twórczość. Zachęciła ją, aby nie poddawała się i kontynuowała poszukiwania swojej pasji.

Przez kolejne tygodnie Pani Elżbieta stała się mentorką Anny. Spotykały się regularnie w kawiarni, rozmawiały o sztuce, pisarstwie i życiu. Anna odkryła nowe spojrzenie na swoją twórczość i odzyskała wiarę w siebie.

Nadszedł dzień, kiedy Anna zdecydowała się na swoją pierwszą wystawę swoich prac. Była pełna emocji i wdzięczności wobec Pani Elżbiety za jej wsparcie. W kawiarni "Pod Kawą i Herbatą" zgromadzili się przyjaciele i miłośnicy sztuki, aby podziwiać prace Anny.

Pani Elżbieta była dumna i wzruszona. Wiedziała, że jej cicha pomoc i przyjaźń miały ogromne znaczenie dla Anny. Była przekonana, że życie każdej osoby skrywa niezwykłe historie i tajemnice, które mogą się rozwinąć, jeśli dajemy sobie nawzajem wsparcie i szansę na odkrycie swojej pasji.

Tymczasem, w kawiarni "Pod Kawą i Herbatą" w Warszawie, życie toczyło się swoim rytmem. Pani Elżbieta kontynuowała swoje codzienne odwiedziny, gotowa na kolejne tajemnice i historie, które mogły się rozwinąć wśród filiżanki gorącej czekolady i rozmów przy herbatce.

Secrets of the Café "Under Coffee and Tea"

It was a beautiful sunny day in the heart of Warsaw when Mrs. Elżbieta, a cheerful widow, decided to visit her favorite café, "Under Coffee and Tea." The place was full of history and secrets, and the aroma of freshly brewed coffee filled the air. Mrs. Elżbieta, known for her curiosity and innate desire to help others, loved spending time in the café, observing people and concocting theories about their lives.

She took her usual seat by the window, offering a perfect view of the street. She brought along her favorite book and ordered a cup of hot chocolate. She watched people passing by, trying to decipher their stories.

On that day, her attention was drawn to a young woman sitting at a table across from her. The woman had a sad expression on her face, and her eyes held a secret. Mrs. Elżbieta felt compelled to find out more.

She approached the woman's table gently and smiled. "Excuse me, may I ask if everything is alright?" she inquired.

The woman looked surprised but quickly regained her smile. "Thank you for your concern. I'm just lost in thought. I have a problem and I'm not sure how to deal with it."

Mrs. Elżbieta invited her to join her at the table and listened attentively to her story. It turned out that the woman, named Anna, was an artist who was struggling to find inspiration for her work. She felt disoriented and wondered how to rediscover her path.

Mrs. Elżbieta, full of empathy, shared her own life experiences and advice. She convinced Anna that every artist goes through moments of doubt, but it is precisely those difficulties that shape our creativity. She encouraged her not to give up and to continue the search for her passion.

Over the following weeks, Mrs. Elżbieta became Anna's mentor. They met regularly in the café, discussing art, writing, and life. Anna gained a new perspective on her creativity and regained her self-belief.

The day finally came when Anna decided to have her first exhibition of her artwork. She was filled with excitement and gratitude towards Mrs. Elżbieta for her support. Friends and art enthusiasts gathered at the café "Under Coffee and Tea" to admire Anna's work.

Mrs. Elżbieta felt proud and touched. She knew that her silent assistance and friendship had meant a great deal to Anna. She firmly believed that everyone's life holds extraordinary stories and secrets, waiting to unfold if we offer each other support and the chance to discover our passions.

Meanwhile, life continued its rhythm at the café "Under Coffee and Tea" in Warsaw. Mrs. Elżbieta continued her daily visits, ready *for more secrets and stories that could unfold amidst a cup of hot chocolate and conversations over tea.*